LA RÉPONSE EST DANS LE COMPORTEMENT

LES 48 CLÉS DU BIEN-ÊTRE LE PLUS ÉLEVÉ

VANESSA KABORÉ

TABLE DES MATIÈRES

INTRODUCTION

Outils de changement et de renforcement, les clés du bien-être le plus élevé sont à recevoir comme elles sont transmises et elles sont à comprendre comme elles sont comprises. «L'attention continue d'être focalisée sur mes mots qui te guident à ta manière. Tu sais que tout ce qui se passe ici, c'est pour ton bien-être le plus élevé et vivre avec les autres le meilleur. La partie de toi qui est aux commandes, c'est celle qui est sereine et apaisée. Elle communique avec toi de la manière qui te parle le plus. Elle permet à tes autres parties de se manifester, au besoin. Le tout se produit de façon à faire les prises de conscience dont tu as besoin et te libérer, à ton rythme, et à ta manière, de tout ce qui n'est plus nécessaire.»

LES 48 CLÉS DU BIEN-ÊTRE LE PLUS ÉLEVÉ

Clé 1
du bien-être le plus élevé

Prends conscience de l'intention positive de chacun de tes comportements

Chacun de tes comportements t'apporte quelque chose. Le terme « apporter » renvoie à une intention positive pour soi. Il invite ainsi à prendre conscience de ce que tu as besoin de voir, d'entendre, de comprendre et de ressentir lorsque tu adoptes un comportement plutôt qu'un autre. Oui, tu as une intention positive dans tout ce que tu penses, dis, exprimes et fais.

Clé 2
du bien-être le plus élevé

Accepte d'être une référence parmi toutes les autres références

Il existe autant de réalités intérieures que de personnes sur Terre. Prends ainsi conscience de ta propre singularité et de celle des personnes autour de toi. Oui, tu es une référence et non la référence.

Clé 3
du bien-être le plus élevé

Efforce-toi de chercher l'intention positive derrière les situations difficiles

Les situations que nous vivons sont des clés vers une meilleure connaissance de soi. En t'efforçant ainsi d'y chercher l'intention positive, tu accèdes à une dimension supérieure de ton être. Oui, il y a une intention positive derrière les situations difficiles. Oui, il y a une intention positive derrière les situations les plus difficiles.

Clé 4
du bien-être le plus élevé

Accepte de te voir sous toutes les formes d'amour possibles et imaginables

La réponse est dans le comportement est une invitation à te voir avec douceur, attention, ouverture, bienveillance, compréhension, toutes les formes d'amour possibles et imaginables. Oui, tu es douceur. Oui, tu es attention. Oui, tu es ouverture. Oui, tu es bienveillance. Oui, tu es compréhension. Oui, tu es bien plus encore.

Clé 5
du bien-être le plus élevé

Accepte de te voir comme la personne qui compte le plus pour toi

Vois-toi comme la personne qui compte le plus pour toi. Regarde-toi avec les yeux de l'amour. Cesse de te juger. Cesse de te critiquer. Oui, aime-toi et accepte-toi comme tu es, ni plus ni moins.

Clé 6
du bien-être le plus élevé

Distingue entre amour de soi et égoïsme

C'est l'amour de soi qui te permet d'accueillir toutes tes facettes. C'est l'amour de soi qui te permet de satisfaire tous tes besoins. C'est l'amour de soi qui te permet d'évoluer vers ta version la plus élevée. C'est ainsi qu'en évoluant vers ta version la plus élevée, tu développes ta capacité de donner, par amour de donner. Oui, donner par amour de donner.

Clé 7
du bien-être le plus élevé

Mesure l'importance de modifier ton rapport avec toi-même

Je prends conscience qu'en modifiant mon rapport avec moi-même pour me voir avec les yeux de l'amour, je suis capable de modifier mon rapport avec les autres et ma vision des expériences difficiles. C'est l'intérieur qui commande l'extérieur.

Clé 8
du bien-être le plus élevé

Accepte ta propre singularité

Je réalise que pour accepter la différence de l'autre, je dois d'abord accepter ma propre singularité. C'est l'intérieur qui commande l'extérieur.

Clé 9
du bien-être le plus élevé

Efforce-toi de regarder les messages derrière les émotions

Je réalise que les émotions qui s'expriment en moi sont des clés vers une meilleure compréhension de soi. En m'efforçant ainsi de les regarder, je leur permets de me révéler des messages clés.

Clé 10
du bien-être le plus élevé

Réalise que tes chaînes sont tes choix fondés sur tes peurs

En prenant conscience que les émotions qui vivent en moi se manifestent pour mon bien-être le plus élevé, je réalise que lorsqu'elles me font choisir la peur à l'amour, elles me révèlent une chaîne.

Clé 11
du bien-être le plus élevé

Identifie tes peurs derrière tes comportements

Je réalise que mes chaînes sont mes peurs derrière mes pensées, mes peurs derrière mes paroles, mes peurs derrière mes modes d'expression, mes peurs derrière mes décisions et actions. Il en est ainsi, cela est entendu, ou encore mieux.

Clé 12
du bien-être le plus élevé

Sors des étiquettes, des biais et du jugement

Lorsque je me libère de mes chaînes, je m'aime et je me choisis. Dans la vérité de qui je suis, je cesse de donner mon pouvoir à l'extérieur. Ce faisant, je sors des limites, des conditionnements, des dépendances, des excès et je trouve un équilibre dans mon rapport avec moi-même et dans mes relations avec les autres. Il en est de même pour mon rapport à la nourriture, à l'alcool, aux drogues, au travail, au pouvoir, au contrôle, à l'argent, à la sexualité et plus encore.

Clé 13
du bien-être le plus élevé

Accepte de déterrer ton trésor intérieur

En chacun de nous, il y a un trésor. Enfoui au plus profond de nous, il représente notre vérité. Une clé importante de la croissance personnelle est de prendre conscience que ton bien-être le plus élevé est à ta portée, que tu l'attireras et le manifesteras dans ta vie qu'en incarnant ta vérité la plus profonde, sans rien attendre en retour. Oui, il s'agit de féliciter plutôt que de critiquer. Oui, il s'agit d'apprécier plutôt que de dévaloriser. Oui, il s'agit de montrer plutôt que de cacher. Oui, il s'agit de dire la vérité plutôt que de mentir. Oui, il s'agit d'assumer ses responsabilités plutôt que de tromper.

Clé 14
du bien-être le plus élevé

Accède à ton trésor intérieur

Une clé d'accès au trésor enfoui en toi vise à laisser libre place à ta partie apaisée, calme, confiante et sereine, tout en donnant la possibilité à tes autres parties de se manifester, au besoin. Oui, lorsque tu laisses libre place à la partie de toi qui est apaisée, calme, confiante et sereine, tout en permettant aux autres parties de toi de s'exprimer au besoin, le personnage en toi qui analyse, réfléchit, rationalise, résiste et contrôle cohabite en harmonie avec toutes tes autres parties. Ainsi, tu es dans l'équilibre et la satisfaction.

Clé 15
du bien-être le plus élevé

Attire tes désirs dans la réalité

J'intègre qu'être en position d'accueil attire mes désirs dans la réalité. Il en est ainsi, cela est entendu, ou encore mieux.

Clé 16
du bien-être le plus élevé

Intègre que tout est sens et coïncidences

J'intègre que tout est sens et coïncidences. Il en est ainsi, cela est entendu, ou encore mieux.

Clé 17
du bien-être le plus élevé

Comprends que ta partie sereine et apaisée te guide dans chacun de tes pas

En intégrant que tout est sens et coïncidences, je comprends que la partie de moi qui est sereine et apaisée me guide dans chacun de mes pas. Il en est ainsi, cela est entendu, ou encore mieux.

Clé 18
du bien-être le plus élevé

Accepte de recevoir ce qui te revient de droit

J'accepte de recevoir ce qui me revient de droit. Il en est ainsi, cela est entendu, ou encore mieux.

Clé 19
du bien-être le plus élevé

Accepte de faire temporairement appel à des personnes qualifiées pour avancer

Face à des blocages dans mon chemin de vie, j'accepte de faire temporairement appel à des personnes qualifiées pour avancer. Il en est ainsi, cela est entendu, ou encore mieux.

Clé 20
du bien-être le plus élevé

Apprends à plus te choisir

Plus je me choisis et plus je permets aux autres de me choisir. C'est l'intérieur qui commande l'extérieur.

Clé 21
du bien-être le plus élevé

Apprends de l'équation 1+1=3

Dans le monde de la communication, des relations interpersonnelles, des êtres émotionnels que nous sommes, l'équation 1+1=3. « Prenons-toi et moi par exemple, il y a toi donc ton monde, le premier 1, le premier monde. Il y a moi donc mon monde, le deuxième 1, le deuxième monde. Il y a nous donc notre monde, la rencontre de nos deux mondes, le troisième 1, le troisième monde. » Oui, dans le monde de la communication, des relations interpersonnelles, des êtres émotionnels que nous sommes, l'équation 1+1=3.

Clé 22
du bien-être le plus élevé

Apprends de l'adversité

L'adversité ouvre ta conscience à une meilleure compréhension de tes défis, de tes besoins et de tes forces. Oui, apprends de l'adversité.

Clé 23
du bien-être le plus élevé

Sors de l'illusion de ta separation de l'Univers

Le nom que tu lui donnes importe peu, l'Univers, la Nature, Dieu, Allah, illusion est ta séparation de l'intelligence suprême. Oui, l'Univers est l'être suprême qui se manifeste dans tes comportements les plus élevés. Oui, l'Univers vit en toi et se manifeste dans tes comportements les plus élevés.

Clé 24
du bien-être le plus élevé

Sors de l'illusion de ta séparation de tes proches décédés

Ouvre ta conscience à l'illusion de ta séparation de tes proches décédés. Oui, par tes pensées, par tes paroles et par tes autres actions de réconfort, tu peux permettre à tes proches décédés d'aller vers la lumière. Oui, au lieu d'errer entre la terre et l'au-delà, par tes comportements les plus élevés, tu les encourages à poursuivre leur chemin en paix.

Clé 25
du bien-être le plus élevé

Aie le courage d'être toi-même

Être toi-même demande de te chercher pour te connaître. Être toi-même demande de te perdre pour te trouver. Être toi-même demande de t'oublier pour t'honorer. Oui, être toi-même demande de te libérer et d'exprimer toutes tes vérités. Aie le courage d'être toi-même.

Clé 26
du bien-être le plus élevé

Souviens-toi du lien corps-esprit

Tes attitudes et tes comportements ont une incidence tant sur ton corps que sur ton esprit. Oui, souviens-toi que tout ce que tu exprimes te libère et que tout ce que tu tais t'empoisonne.

Clé 27
du bien-être le plus élevé

Prends de l'expansion avec les mouvements de la vie

La conscience prend de l'expansion à travers les réajustements, les consécrations et les séparations de la vie. Oui, tout est temporaire et chaque situation vécue l'est pour le meilleur. Prends de l'expansion avec les mouvements de la vie.

Clé 28
du bien-être le plus élevé

Apprends à plus te respecter

Plus je me respecte et plus j'impose le respect. C'est l'intérieur qui commande l'extérieur.

Clé 29
du bien-être le plus élevé

Intègre que récolter signifie semer

J'intègre que récolter signifie semer. Oui, je donne et je partage, pour le plaisir de partager, ni plus ni moins.

Clé 30
du bien-être le plus élevé

Reste toi-même en tout temps et en tous lieux

Même quand les personnes autour de toi te voient plus comme elles sont que comme le trésor que tu es, reste toi-même, en tout temps et en tous lieux.

Clé 31
du bien-être le plus élevé

Accepte de libérer ton plein potentiel

L'être humain est comme un ordinateur. Sans suppression des fichiers endommagés, il est en dessous de son plein potentiel. Oui, accepte de libérer ton plein potentiel.

Clé 32
du bien-être le plus élevé

Chemine sur ta capacité à vivre pleinement

Est-ce que la liberté ne serait pas de savoir vivre pleinement chaque instant que la vie t'offre ? Oui, est-ce que tu vis pleinement chaque instant que la vie t'offre ?

Clé 33
du bien-être le plus élevé

Distingue entre maturité émotionnelle et maturité chronologique

La maturité est plus émotionnelle que chronologique. Elle consiste à répondre et non à réagir. Oui, elle suppose que tu te prennes en main et que tu assumes tes rôles de créateur et de créatrice.

Clé 34
du bien-être le plus élevé

Apprends à aimer, donner, respecter, faire confiance, accepter, pardonner et permettre

S'aimer, c'est savoir aimer. Se donner, c'est savoir donner. Se respecter, c'est savoir respecter. Se faire confiance, c'est savoir faire confiance. S'accepter, c'est savoir accepter. Se pardonner, c'est savoir pardonner. Se permettre, c'est savoir permettre. Oui, c'est l'intérieur qui commande l'extérieur.

Clé 35
du bien-être le plus élevé

Accepte d'être le créateur et la créatrice

Face à un succès ou à un défi, le mérite ou la responsabilité te revient. Oui, plus qu'un cocréateur et qu'une cocréatrice, tu es créateur et tu es créatrice.

Clé 36
du bien-être le plus élevé

Accorde ton attention à Madame la peur

Derrière Mesdemoiselles tristesse, colère et toutes les autres émotions qui te limitent ou peuvent te limiter se trouve Madame la peur. Oui, t'en libérer et la dépasser consiste à lui accorder toute ton attention.

Clé 37
du bien-être le plus élevé

Retiens que l'amour part de soi

Ce que tu ressens pour les autres et ce que tu ressens face aux situations et aux événements de la vie sont les miroirs de ce qui vit en toi. Oui, retiens que l'amour que tu ressens face aux personnes, situations et événements est le reflet de l'amour qui vit en toi.

Clé 38
du bien-être le plus élevé

Assume la responsabilité de ton bien-être le plus élevé

À force d'attendre de l'extérieur, tu oublies d'attendre tout de toi. Oui, responsable de ton bien-être le plus élevé, tu es. Assume la responsabilité de ton bien-être le plus élevé.

Clé 39
du bien-être le plus élevé

Accepte de briller

Il s'agit de te réveiller pour t'éveiller. Il s'agit de t'éveiller pour te révéler. Il s'agit de te révéler pour partager. Il s'agit de partager pour briller. Oui, accepte de briller.

Clé 40
du bien-être le plus élevé

Chemine sur ta capacité à être authentique

Être honnête vis-à-vis des autres et être honnête vis-à-vis des situations et événements de la vie suppose d'assumer ta vérité intérieure. Oui, est-ce que tu assumes ta vérité intérieure ?

Clé 41
du bien-être le plus élevé

Laisse-toi émouvoir par tes côtés féminins et masculins

En chacun de nous, il y a un dieu et une déesse. En chacun de nous, il y a un guerrier et une guerrière. Oui, laisse-toi émouvoir par tes forces complémentaires et exprime l'unité qu'elles te demandent de manifester.

Clé 42
du bien-être le plus élevé

Souviens-toi de ce qui a été mis en lumière

C'est tout ce que l'autre, c'est tout ce que la situation, c'est tout ce que l'événement a éveillé, éveille en toi, a réveillé, réveille en toi, a suscité, suscite en toi qui t'a marqué et qui te marque. Oui, au-delà de lui, oui, au-delà d'elle, oui, au-delà de la situation, oui, au-delà de l'événement, il s'agit de te souvenir de ce qui a été mis en lumière.

Clé 43
du bien-être le plus élevé

Prends la responsabilité de ton succès

Il s'agit plus de « est-ce que tu te crois aimable », « est-ce que tu te sens digne », « est-ce que tu te sens prêt et prête », « est-ce que tu t'estimes capable », que si « Dieu veut » ou «Inch'Allah ». Oui, en toute humilité, responsable de ton succès, tu es. Prends la responsabilité de ton succès.

Clé 44
du bien-être le plus élevé

Apprends à donner les consignes appropriées

Parce que tu « défais » avant de « faire », c'est en t'exprimant de manière positive et en supprimant les négations de ton langage que tu te donnes, et que tu donnes les consignes appropriées. Oui, tu défais avant de faire. Oui, tu n'es pas avant d'être. Oui, avant d'être, tu n'es pas. Apprends à donner les consignes appropriées.

Clé 45
du bien-être le plus élevé

Fais la paix avec ton passé

Ce n'est qu'en faisant la paix avec ton passé que tu deviens libre. Oui, ton passé en tant qu'individu, oui, ton passé en tant qu'individu appartenant à une collectivité, oui, ton passé en tant qu'individu appartenant à une communauté ou à un groupe programme chacun de tes comportements. Fais la paix avec ton passé.

Clé 46
du bien-être le plus élevé

Éclaire ta notion d'amour inconditionnel

Différent des amours conditionnels, des amours conventionnels, des amours fusionnels et des amours sacrificiels, l'amour inconditionnel est libre de conditions, de conventions, d'attentes, de dépendances et de peurs. Oui, l'amour inconditionnel est partie intégrante de ton chemin de vie. Oui, t'aimer inconditionnellement est la voie d'accès à ton bien-être le plus élevé. Oui, aimer inconditionnellement est la voie d'accès au vivre avec les autres le meilleur. Éclaire ta notion d'amour inconditionnel.

Clé 47
du bien-être le plus élevé

Sois dans la foi en tout temps et en tous lieux

Il s'agit d'être en confiance vis-à-vis des événements qui ont été. Il s'agit d'être en confiance face aux événements qui sont. Il s'agit d'être en confiance vis-à-vis des événements qui seront. Oui, souviens-toi que c'est l'intérieur qui commande l'extérieur et que tu es le créateur et la créatrice de ton succès. Sois dans la foi en tout temps et en tous lieux.

Clé 48
du bien-être le plus élevé

Donne-toi et donne des consignes claires

Notre inconscient est comme le gouvernail d'un bateau, faute de directions données, il navigue au gré des vents et marées. Donne-toi des consignes claires pour ton bien-être le plus élevé et vivre avec les autres le meilleur. Oui, il s'agit de consignes que tu te donnes à toi-même et de consignes que tu donnes à l'Univers. Oui, il s'agit bien d'évoluer ensemble, main dans la main.

CONCLUSION

Les changements de mentalités et les renforcements de capacités induits pour ton bien-être le plus élevé et vivre avec les autres le meilleur continueront à ta vitesse de cheminement, et de la manière qui te parle le plus. Il s'agira donc d'accepter la souplesse de tes pensées et de prêter attention à tes nouveaux modes de fonctionnement. Il s'agira aussi de matérialiser tes consignes à toi-même et à l'Univers à travers le *Pacte pour ton bien-être le plus élevé et vivre avec les autres le meilleur* offert en bonus.

BONUS 1

Précisions

sur le Pacte pour ton bien-être le plus élevé et vivre avec les autres le meilleur

Ton pacte peut contenir autant de consignes que tu le souhaites. Celles-ci sont à adapter à tes défis particuliers, à tes souhaits les plus élevés et à tes besoins carencés, oubliés et mis de côté. Tes consignes sont à donner pour toutes les sphères de ta vie. Les sphères de ta vie comprennent la sphère personnelle, professionnelle, financière, amoureuse, intime, sexuelle, familiale, sociale, religieuse et spirituelle. Elles sont à adapter à tes réalités avérées et désirées autrement dit à ce qui existe dans ta vie, et à ce qui est absent ou manquant que tu souhaites voir exister. Ton pacte est à réajuster au fil de ton cheminement.

BONUS 2

Pacte

pour mon bien-être le plus élevé et vivre avec les autres le meilleur

Ma première consigne

Mon rayonnement devance chacun de mes pas et je suis libre des charges émotionnelles, des traumatismes conscients et inconscients, des promesses, des mémoires et des projets du passé, du présent et du futur qui me limitent ou peuvent me limiter. Il en est ainsi, cela est entendu, ou encore mieux.

Ma deuxième consigne

Mon rayonnement devance chacun de mes pas et je suis libre des états d'esprit et des émotions des uns et des autres qui peuvent me limiter. Je refuse de les absorber. Il en est ainsi, cela est entendu, ou encore mieux.

Ma troisième consigne

Mon rayonnement devance chacun de mes pas et je suis

____

____

____

Il en est ainsi, cela est entendu, ou encore mieux.

Ma quatrième consigne

Mon rayonnement devance chacun de mes pas et je suis

____

____

____

Il en est ainsi, cela est entendu, ou encore mieux.

Ma cinquième consigne

Mon rayonnement devance chacun de mes pas et je suis

___

___

___

Il en est ainsi, cela est entendu, ou encore mieux.

Ma sixième consigne

Mon rayonnement devance chacun de mes pas et je suis

___

___

___

Il en est ainsi, cela est entendu, ou encore mieux.

Ma septième consigne

Mon rayonnement devance chacun de mes pas et je suis

____

____

____

Il en est ainsi, cela est entendu, ou encore mieux.

Ma huitième consigne

Mon rayonnement devance chacun de mes pas et je suis

____

____

____

Il en est ainsi, cela est entendu, ou encore mieux.

Ma neuvième consigne

Mon rayonnement devance chacun de mes pas et je suis

____

____

____

Il en est ainsi, cela est entendu, ou encore mieux.

Ma dixième consigne

Mon rayonnement devance chacun de mes pas et je suis

____

____

____

Il en est ainsi, cela est entendu, ou encore mieux.

Ma onzième consigne

Mon rayonnement devance chacun de mes pas et je suis

____

____

____

Il en est ainsi, cela est entendu, ou encore mieux.

Ma douzième consigne

Mon rayonnement devance chacun de mes pas et je suis

____

____

____

Il en est ainsi, cela est entendu, ou encore mieux.

Ma treizième consigne

Mon rayonnement devance chacun de mes pas et je suis

____

____

____

Il en est ainsi, cela est entendu, ou encore mieux.

Ma quatorzième consigne

Mon rayonnement devance chacun de mes pas et je suis

____

____

____

Il en est ainsi, cela est entendu, ou encore mieux.

Ma quinzième consigne

Mon rayonnement devance chacun de mes pas et je suis

____

____

____

Il en est ainsi, cela est entendu, ou encore mieux.

Ma seizième consigne

Mon rayonnement devance chacun de mes pas et je suis

____

____

____

Il en est ainsi, cela est entendu, ou encore mieux.

Ma dix-septième consigne

Mon rayonnement devance chacun de mes pas et je suis

____

____

____

Il en est ainsi, cela est entendu, ou encore mieux.

Mes consignes suivantes

Mon rayonnement devance chacun de mes pas et je suis

____

____

____

Il en est ainsi, cela est entendu, ou encore mieux.

Gratitude infinie et éternelle à l'Univers pour son amour inconditionnel

---

LEYA - LEs Yeux de l'Amour - Eyes of Love MD
www.leyavk.com infos@leyavk.com
www.vanessakabore.com
Dépôt légal : Printemps 2022
Bibliothèque et Archives nationales du Québec
Bibliothèque et Archives Canada
ISBN : 978-2-9820708-1-3

www.ingramcontent.com/pod-product-compliance
Ingram Content Group UK Ltd.
Pitfield, Milton Keynes, MK11 3LW, UK
UKHW021829270726
14058UKWH00001B/54

9 782982 070813